O COTIDIANO DA HISTÓRIA

EDIÇÃO REFORMULADA E AMPLIADA

# Antigo Egito
## O novo império

*Martin Cezar Feijó*

*Professor universitário e escritor. Historiador formado pela Universidade de São Paulo. Doutor em Comunicação pela ECA-USP. Lecionou no Ensino Fundamental e Médio durante anos.*

*Ilustrações*
***Líbero***

*"A causa secreta de todo sofrimento é a própria mortalidade, condição primordial da vida. Quando se trata de afirmar a vida, a mortalidade não pode ser negada."*
Joseph Campbell



editora ática

# Apresentação

Terra das pirâmides, das múmias, dos faraós. O Egito é tudo isso e muito mais. Ele é o berço de uma das mais antigas civilizações da humanidade. Surgida há mais de cinco mil anos, a civilização egípcia descobriu como dominar as águas do rio Nilo e aprendeu a sobreviver à aridez de seu território. Responsáveis pela criação de uma escrita própria, os egípcios promoveram grandes avanços nos mais variados campos do conhecimento humano, como a medicina, a astronomia, a geometria e a filosofia, entre outras áreas do saber.

Com este livro você irá se aproximar de uma civilização que, como poucas vezes ocorreu ao longo da história, conseguiu fazer com que todas suas atividades estivessem sempre impregnadas de um caráter sagrado.

A história a seguir reconstitui de forma ficcional um momento do período denominado Novo Império. É uma época que corresponde ao apogeu do Antigo Egito e ao reinado do faraó Ramsés II (1290-1224 a.C.), quando o Egito havia se transformado em potência econômica e militar, dominando vários povos vizinhos, da Palestina à Síria.

Com exceção do faraó, os personagens apresentados são fictícios, mas o momento que vivem é real. O personagem principal, Nekhti (que significa "o forte"), é marcado pela curiosidade e preocupação com que busca a verdade e a justiça. Médico da corte, ele precisa encontrar respostas para seus problemas e explicações para seus sonhos. Seu grande amigo é um escriba chamado Hotep ("o satisfeito"), admirador da boa vida e dos prazeres do mundo.

Em seu caminho, Nekhti encontra uma jovem misteriosa, que o impulsiona rumo ao desconhecido, aos mistérios do Egito e da vida, revelando aspectos fascinantes de um povo que, quanto mais estudado, mais faz por merecer o respeito e a admiração que lhe são dedicados.

# Sumário

## Antigo Egito
### O novo império

## Uma visão da História

# 1

# A Terra do Crocodilo

A embarcação de papiro atravessava o Nilo em direção à Terra do Crocodilo. Era acompanhada por pequenos barcos também feitos de caule de papiro. No barco principal, mais luxuoso, equipado com cabine coberta para proteger do sol seus nobres ocupantes, iam Hotep, escriba e cobrador de impostos, e seu amigo Nekhti, médico auxiliar do médico do faraó.

– Este rio é um mar – comentou Hotep com o amigo, que admirava as longínquas margens.

O rio Nilo, com o húmus trazido por suas inundações anuais, favorecia a agricultura ao tornar férteis suas margens. Também permitia a comunicação de todo o Egito. A Terra do Crocodilo, destino dos emissários reais, era banhada por dois afluentes do rio.

Ao se aproximar da região, a comitiva pôde ver como vivia parte dos que garantiam o alimento de toda a Terra Negra, como também era conhecido o Egito.

Os camponeses moravam em casas conjugadas, feitas de adobe – tijolos de barro – e cobertas de juncos. Crianças podiam ser avistadas dos barcos, com suas mechas de cabelos laterais, correndo nuas na frente das casas.

Também dos barcos se podia ver parte do processo de irrigação: um sistema de coleta da água no nível mais baixo do rio, através de uma espécie de balança que permitia à água inundar os canais construídos.

A chegada do escriba Hotep e toda sua comitiva não era propriamente uma festa para aqueles camponeses. Comitiva, aliás, formada por um grande contingente de pessoas – dela

faziam parte soldados, matemáticos e escribas auxiliares, além de Nekhti, enviado para ensinar noções de higiene aos camponeses.

A visita do fiscal do faraó, a mando do tesoureiro real, era recebida com respeito e apreensão pelos camponeses, que tinham de prestar contas de sua produção e pagar seus impostos, já que todas as terras do Egito pertenciam ao faraó.

Da embarcação principal, Hotep chamou a atenção do amigo para uma moça vestida com trajes sumários que se banhava às margens do rio:

– Veja, Nekhti, veja com que graça ela se joga na água e diga-me se não está lá a resposta que você procura. O seu mal, meu irmão Nekhti, é a solidão. Falta a você uma companhia feminina para diminuir essa tristeza.

Nekhti vivia uma situação de descrença total, de tédio e de dúvidas. Pensava seriamente em mudar-se do Egito e ir levar a fama da medicina egípcia para terras distantes. Médico reconhecido, não morava na área nobre de Tebas, capital do Egito, o que não o incomodava. A solidão, sim. Não tinha em suas noites maldormidas com quem conversar, a não ser com seus gatos, que se espalhavam pela casa.

Dirigindo seu olhar para a moça apontada pelo amigo, Nekhti sentiu que ela lhe parecia familiar. Lembrou-se então de uma outra moça que o havia encantado durante um passeio pelas ruas de Tebas. Mas logo se deu conta de que não era a mesma. Esta era egípcia, bela também. A outra, pela cor da pele e dos cabelos, vinha de longe, talvez de algum povo dominado pelo faraó Ramsés II em suas conquistas, pensou.

– Você tem razão, irmão Hotep – admitiu Nekhti. – Preciso encontrar uma moça que vi outro dia. Chamou-me a atenção a cor de seus cabelos e a vivacidade do olhar. Mas eu nem sei quem ela é nem onde mora.

– Você não tem cura, meu irmão. Vamos lá cobrar o que estes camponeses devem ao faraó. Assim teremos todas as mulheres que quisermos.

Tão logo alcançaram as margens do rio, tendas foram armadas para que Hotep e seu séquito fizessem o controle da produção daquela região. Os camponeses deveriam passar por ele e apresentar o resultado de seu trabalho. Feita a contabilidade, uma parte era carregada para os barcos, de onde seria levada para os celeiros reais.

A safra havia sido boa. Mas nem sempre as enchentes do Nilo permitiam uma boa colheita de trigo ou cevada. Nesses casos, o governo do faraó distribuía entre a população uma ração básica para sua sobrevivência.

Acontecia também, muitas vezes, de os escribas ficarem com uma parte da riqueza produzida pelos camponeses para si próprios, prática que Hotep seguia sem nenhum escrúpulo.

Nekhti não conseguiu esconder seu desconforto ao perceber que o amigo não agia honestamente com aqueles pobres camponeses. Mais descontente ainda ficou quando viu que

entre os produtos que seriam levados da Terra do Crocodilo estava a moça que tinham visto banhando-se no rio. Seria levada para servir na casa de Hotep, que ainda brincou:

– Você precisa aprender a viver, meu irmão. Essa moça que tão graciosamente se banhava no rio agora vai poder cuidar do meu banho. Posso emprestá-la, se você quiser...

Vendo que Nekhti não achara graça no seu comentário, Hotep acrescentou:

– Um escriba do faraó consegue o que quer... Esses camponeses temem a minha força e nada farão para protegê-la. Até porque sabem que ela não vai sofrer comigo. Pelo contrário, poderá ser mais bem tratada do que aqui. Posso até, se eu quiser, dá-la de presente a você...

Nekhti sentiu que não seria feliz se aceitasse a oferta:

– Agradeço, meu irmão Hotep, mas não posso aceitar. Não considero justa essa forma de obter o que desejo. O que vejo aqui reforça o que um pai escreveu ao seu filho, aconselhando-o a se tornar escriba e não ser camponês. Não existem pessoas mais infelizes. Dependem das enchentes, enfrentam insetos, ratos e escorpiões. São humilhados por funcionários reais, como você, roubados por saqueadores e não têm direito nem sequer aos seus filhos. Talvez essa moça seja mais feliz em sua bela casa. Fique com ela, eu não posso aceitá-la. Maat, a deusa da justiça e da verdade não permite isso.

– Então vou mesmo levá-la para mim – exclamou o escriba, sem se contrariar com as opiniões de Nekhti. Hotep fazia jus ao seu nome – que significava "o satisfeito" –, pois estava sempre bem-humorado. – Gostei dela. Vai trabalhar lá em casa, divertir meus amigos e aprender a dançar em minhas festas. Quem sabe um dia você aceite um presente meu.

– Obrigado, irmão Hotep. Agora deixe-me ensinar algumas normas de higiene e saúde a esses pobres camponeses. O faraó deseja seus súditos bem saudáveis.

– Eu sei – respondeu Hotep, com cinismo. – Principalmente para produzirem mais e garantirem nossa existência eterna.

# 2

# A mumificação

Ao voltar da viagem à Terra do Crocodilo, Nekhti foi surpreendido com a notícia da morte do médico real. Auxiliar direto do responsável pelas extremidades dos intestinos do faraó, como também era conhecido o médico, Nekhti sabia que podia ser convocado para substituí-lo, além de ter de participar dos preparativos de seu funeral, acompanhando sua mumificação e o cortejo que se seguiria.

Com um embalsamamento quase em tudo igual ao de um faraó, o médico real passaria por todas as etapas que prenunciam a passagem para um outro lado da vida, já que a morte era uma palavra praticamente proibida entre os egípcios.

Nekhti auxiliava os embalsamadores em seu trabalho meticuloso, artesanal. Nenhum detalhe poderia ser esquecido.

Ele os ajudou a extraírem os órgãos internos do médico morto. Pelo nariz, com cautela, foi retirado todo o cérebro. Uma pinça ia, pouco a pouco, limpando toda a parte interior da cabeça do defunto. Os outros órgãos, vísceras, pulmões e coração, iam sendo preparados com aromas para caberem nos canopos, espécies de vasos, que acompanhariam o morto. O único órgão a ganhar um canopo próprio era o coração.

O corpo salgado com natrão foi então guardado durante setenta dias. Passado esse tempo, foi lavado e depois envolto em faixas de tecidos de linho, cobertos com uma goma de resina para fixarem-se ao corpo. Essas mesmas faixas também envolviam a cabeça, deixando apenas o rosto descoberto.

As partes abertas do corpo – orelhas, olhos, nariz, boca e o corte feito no peito para extrair os órgãos internos – foram cobertas com uma mistura de vários produtos, como cera de abelhas, gomas, resinas, serragem, cebola e novamente natrão.

Depois que tudo estava seco, o cadáver foi vestido e decorado com colares, amuletos, braceletes, anéis e sandálias. O rosto foi maquiado e os lábios, pintados. Sobre o corte do peito, colocaram uma placa de ouro e sobre o rosto, uma máscara mortuária de tecido de estuque; caso fosse um faraó, a máscara também seria de ouro. Finalmente colocaram a múmia no ataúde de madeira decorado.

Os familiares, já com os rostos cobertos de lama, em sinal de luto, esperavam o cortejo que iria levar o corpo à Terra dos Mortos, o cemitério junto às montanhas do outro lado da margem do rio Nilo.

O enterro do nobre médico parecia mais uma mudança de casa do que um cortejo fúnebre. Colorido e variado, o féretro caminhava pelas ruas exposto aos olhares dos curiosos.

Carpideiras, mulheres contratadas para chorar o morto, enchiam o ar com seu pranto. Servos levavam bolos, alimentos, flores e jarros de cerâmica à frente. Em caixas iam estatuetas que decorariam o sarcófago. Atrás vinham móveis, cadeiras, camas e armários. Um terceiro grupo trazia os objetos pessoais, as joias e os canopos com os órgãos internos.

Entre as estatuetas, uma chamou a atenção de Nekhti por não ser muito comum. Ela representava uma figura importante nos primórdios da história do Egito: o arquiteto, médico e vizir Imhotep, considerado o construtor das pirâmides, o inventor da escrita e da medicina egípcia.

Nekhti procurou naquela pequena imagem uma resposta para suas dúvidas existenciais e colocou-a num dos altares que seriam levados ao túmulo de seu antigo superior.

Junto à margem do Nilo, um conjunto de embarcações esperava para a travessia. Lá, mais pessoas aguardavam o cortejo. A presença de Bakenkhonsu, o sacerdote de Amon, vestido de pele de tigre, queimando resina, denunciava que ali se transportava o corpo de um importante nobre, personalidade ligada diretamente ao faraó.

Eram tantos os objetos que acompanhariam o morto que o barco principal teve de ser rebocado. Nos outros barcos iam os familiares, Nekhti entre eles, com o rosto também coberto de lama.

Na margem oposta, uma pequena multidão aguardava a chegada. Nekhti viu então, entre as pessoas que esperavam o cortejo, uma moça que lhe chamou a atenção. Vestida como uma egípcia, no entanto a cor da pele, mais clara, e os cabelos dourados indicavam que ela pertencia a um outro povo. Os olhos grandes e escuros aparentavam esperteza e dissimulação.

Por um momento, diante daquela imagem entre a multidão, Nekhti abandonou o tom grave da cerimônia e esboçou um sorriso para a moça estrangeira, que retribuiu. Os lábios grossos se destacando em seu rosto. Nekhti

teve então certeza: era a mesma que ele havia visto antes de partir com Hotep para a Terra do Crocodilo.

Mas o cortejo não podia parar – os animais já estavam a postos para levar os despojos do médico real – e Nekhti perdeu a moça de vista, mais uma vez.

Chegando às montanhas onde ficavam os túmulos, os restos mortais e objetos passaram a ser carregados novamente pelos servos e amigos, que foram caminhando lentamente.

Na entrada da tumba, o cortejo parou. A maioria das pessoas, mesmo os familiares, ficaria do lado de fora. Poucos podiam entrar, entre eles os sacerdotes, que tinham a incumbência de realizar a última cerimônia.

Nekhti também entrou no túmulo, que não era pequeno, devido à importância do morto. A escuridão à sua frente não permitia enxergar a exata dimensão da tumba, mas a claridade era suficiente para que ele visse inscrições nas paredes relatando todas as qualidades e feitos do morto em vida, além de avisos e presságios.

Os sacerdotes encerraram os rituais para permitir que tão logo eles se retirassem e o sarcófago fosse lacrado o morto encontrasse o seu destino no reino de Osíris.

A Nekhti foi servida uma taça de cerveja por um sacerdote, cujo rosto ele não conseguiu enxergar. Julgou ser parte do ritual que não conhecia. Sentiu um gosto estranho na bebida, mas procurou não atrapalhar a cerimônia e se manteve quieto.

Aos poucos as vozes se tornaram indistintas para Nekhti, que se sentia tonto, o corpo pesado. Os olhos começaram a se fechar e, sem que se desse conta, Nekhti foi levado para a mais profunda escuridão.

# 3

# A Terra dos Mortos

O vento noturno do deserto era frio. Um falcão sobrevoava o rio. As águas do Nilo estavam calmas. A lua refletida iluminava as plantações, as folhas de papiros, as flores de lótus, as pirâmides, os templos, as tumbas, as casas de todo o Egito.

Escorpiões passeavam por entre as pedras da Terra dos Mortos, enquanto uma coruja observava tudo à sua volta, inclusive sombras que procuravam escapar da vigilância dos guardas, que dormiam entre cervejas e armas.

Um guarda despertou os demais:

– Ei, acordem! Vamos deixar estas tumbas e voltar para nossas casas. Vamos, acordem!

Um deles questionou a atitude do que procurava tirá-los dali:

– Por que vamos embora?

– Porque não vai vir ninguém aqui esta noite.

– Nossa função – retrucou o que discordava –, designada pelo sacerdote de Amon, é preservar

estas tumbas. É evitar que ladrões prejudiquem o encontro dos mortos com seus destinos...

– Está bem, mas enquanto enfrentamos este vento frio que vem do deserto, os escorpiões que ameaçam nossos pés, os ratos que nos assustam, os insetos que nos mordem, ouvindo as corujas reclamarem de suas insônias, o sacerdote, o vizir e o faraó dormem felizes em seus aposentos... E para nós nada ocorre de bom, só desânimo e cansaço. Vamos embora, deixemos estes mortos à sua própria sorte!

Embora indecisos, os guardas acabaram sendo convencidos, menos o que havia rejeitado a desobediência:

– Vocês podem ir, eu fico.

– Então fique sozinho! – ironizou o que os havia acordado. – Nós vamos para o calor de nossas mulheres.

O guarda obediente, agora só, passou a prestar mais atenção nos ruídos noturnos: aves e animais, além do vento, ganharam outros auxiliares. Antes que pudesse se defender, foi agarrado pelos que se escondiam entre as pedras. O guarda solitário nada pôde fazer, a não ser se juntar à companhia eterna dos que jaziam nas tumbas protegidas.

Os violadores de tumbas já sabiam para onde se dirigir: retiraram a pedra da entrada do túmulo do médico real e, com tochas e picaretas, começaram a explorar o interior do jazigo.

Desciam devagar. As paredes eram estreitas, pois a tumba havia sido escavada numa rocha. Por não saberem ler nem sequer prestaram muita atenção nas inscrições desenhadas.

Assim, nem notaram a maldição alertando os que ousavam profanar os objetos que deveriam acompanhar o morto:

*"O Crocodilo será contra na água,*
*A Serpente em terra,*
*O Escorpião injetará venenos,*
*A Mosca trará o cansaço e a fadiga*
*Àquele que fizer qualquer coisa contra*
*este sepulcro.*
*E não serei eu, o Médico, o que foi*
*responsável*
*pelos intestinos reais, que aqui espera*
*o julgamento de Osíris, que causará os*
*danos,*
*mas os Juízes do além".*

Indiferentes ao que não entendiam, os ladrões pouco a pouco foram entrando no recinto protegido. Quebraram paredes, arrombaram portas e chegaram à antecâmara. Nela encontraram estátuas de soldados protegendo a entrada. Num canto, arrumado, a miniatura de um barco. Ao seu lado, um baú fechado, e em cima dele a estatueta que chamara a atenção de Nekhti.

Um dos ladrões a pegou e perguntou aos demais:

– Quem será este deus?

– Não sei. Nunca vi – respondeu um outro. Mas vamos levar, alguém pode ter interesse nisso...

A tumba violada apresentava maiores atrações aos ladrões: joias, colares, taças, roupas. Saíram rapidamente, deixando o corpo mumificado do morto, os vasos com suas vísceras, o barco, os alimentos dentro de um cesto e a estátua de um gatinho. Também deixaram Nekhti desmaiado num canto da tumba, por não o terem visto na escuridão.

# 4

# O tribunal de Osíris

Na vigília entre o adormecer e o sono, sentindo uma forte dor de cabeça e o gosto forte da cerveja que haviam lhe dado, Nekhti não sabia se estava acordado ou dormindo, se vivo ou morto. Tudo era confusão em sua mente.

Aos poucos, foi percebendo vultos que conversavam. Objetos sendo revirados. A consciência de que estava num sarcófago foi ficando cada vez mais nítida e as imagens, mais reais.

De repente, a escuridão da tumba começou a dar lugar a luzes. Atônito, Nekhti percebeu que a tumba havia sido saqueada. O sonho parecia ser real.

As estátuas dos guardas que acompanhavam a decoração do túmulo começaram a ganhar vida. Os desenhos nas paredes, agora iluminadas, passaram também a se movimentar. Até a estátua do gatinho ganhou vida e ele se pôs a miar.

Nekhti descobriu então, assustado, que ele era o morto, o médico real. Sentou-se e tirou devagar a máscara mortuária que cobria seu rosto, mas mantendo os olhos e a boca fechados. Um outro Nekhti, seu duplo, apareceu, ajudando-o a se levantar e fundindo-se a ele.

Em seguida, a tumba começou a ser alagada por uma enxurrada de água, que formou um verdadeiro rio. Papiros e palmeiras apareceram na outra margem e Nekhti subiu no barco auxiliado pelo deus Anúbis, navegador dos mortos, que surgiu com sua cara de chacal.

Do outro lado da margem, o filho de Osíris e de Ísis, Hórus, o deus com cara de falcão, e Imhotep, o criador da medicina egípcia, o esperavam. Tudo era apenas sentido por ele, que continuava, como exigia a tradição, com os olhos e a boca fechados.

– Bem-vindo em saúde e intensidade ao Ocidente, ao reino dos mortos, ao reino de Osíris! – saudou Hórus, quando o barco se aproximou.

Nekhti trazia em suas mãos os vasos com as vísceras e o coração do médico real, testemunhas importantes no julgamento. Mas Imhotep sentiu falta de alguma coisa e perguntou ao perplexo morto:

– E a estatueta com minha imagem?

Com a ajuda de Anúbis, o deus com cara de chacal, Nekhti abriu os olhos e respondeu:

– Não foi apenas a estátua que não pude trazer, mas também os tesouros acumulados e os amuletos. A tumba foi violada por um bando de ladrões, que nem se importaram com a maldição inscrita. Apenas restaram os papiros contando a minha vida, os canopos com as vísceras e o coração e alguns objetos sem valor. Além da memória que trago comigo para poder fazer a minha defesa.

Após as apresentações, Nekhti e seus anfitriões entraram na casa de Osíris, onde seria o julgamento. Osíris estava sentado ao centro, num trono dourado. Ao seu lado, sua esposa, Íris. Nekhti, assustado, olhou para os juízes que iriam julgar as qualidades necessárias para a entrada no Ocidente.

Alguns servos de Osíris se aproximaram e pediram a Nekhti os canopos com as vísceras. O vaso com o coração foi colocado de um lado da balança. Principal testemunha, o coração era a única prova do morto de que obedecia a Maat, a deusa da justiça e da verdade. Do outro lado, seria colocada uma pena. A balança deveria ficar equilibrada: se o coração pesasse mais do que a pena, o morto não entrava no reino de Osíris e o seu coração era atirado para um monstro com cabeça de crocodilo, peito de leão e traseiro de hipopótamo, a Devoradora.

De repente os olhos de Nekhti foram ofuscados por um clarão de luz. O clarão vinha na forma de um disco solar, que com seus raios começou a eliminar da visão de Nekhti todos os

deuses reunidos, como que apagando de sua memória todos os cultos, todas as imagens, tudo aquilo em que seus ancestrais acreditavam.

Com o desaparecimento das divindades, Nekhti viu surgir um homem alto, magro, de feições delicadas, quase femininas. Suas vestes eram as de um faraó e ele ostentava duas coroas na cabeça, a vermelha e a branca, símbolos do Baixo e Alto Egito. Por meio de gestos, ele pedia a ajuda de Nekhti, como se o estivesse chamando para uma missão.

Nesse instante, Nekhti acordou, trêmulo e assustado, sem saber o que pensar daquele sonho delirante. Aos poucos, na escuridão da tumba, Nekhti foi se lembrando do que lhe acontecera. Começou então a se perguntar por quanto tempo ficara desacordado e se aquele lugar não seria sua prisão eterna...

Ainda meio tonto, tratou de se levantar. Com os olhos já mais acostumados ao escuro, Nekhti pôde constatar que nem tudo tinha sido um sonho: haviam realmente saqueado o túmulo do médico real. Mas não teve muito tempo para pensar nisso, pois seus olhos foram atraídos por uma fraca luminosidade que vinha de um corredor.

Dirigiu-se rápido para lá e aliviado percebeu tratar-se da entrada arrombada pelos saqueadores. O dia já se anunciava. Por uma ironia, o saque ao túmulo tinha sido sua salvação. O difícil agora, pensou, seria fazer com que os outros acreditassem no que havia experimentado dentro daquela tumba.

# 5
# A Casa da Vida

Ao sair do túmulo, Nekhti já sabia o que deveria fazer: pedir ajuda ao amigo Hotep. Olhando para o sol, imaginou que o escriba deveria estar

naquela hora ensinando a arte da escrita sagrada na Casa da Vida, e para lá se dirigiu.

As Casas da Vida eram locais onde os filhos de faraós, funcionários reais, sacerdotes e trabalhadores importantes do reino aprendiam seus futuros ofícios. Eram também locais de discussões religiosas.

Ao passar por entre as altas colunas que sustentavam a entrada da majestosa mansão da sabedoria, Nekhti viu ao longe o amigo Hotep espancando um garoto, enquanto outros, sentados de pernas cruzadas, com um pedaço de madeira no colo e pena de junco nas mãos, olhavam assustados.

– Pare, Hotep! – gritou Nekhti. – Não espanque assim o menino!

Sem se abalar, Hotep saudou o amigo:

– Eu não o espanco, meu irmão Nekhti, apenas ensino-lhe a arte da escrita.

– Não foi o que eu vi, irmão Hotep.

– Os ouvidos de um rapaz estão nas suas costas. Ele ouve enquanto apanha – respondeu Hotep.

Dirigindo-se às crianças, ordenou:

– Podem ir! Digam a seus pais que vocês aprenderam a escrever seus nomes, mesmo que eu tenha escrito o meu nas costas de alguns de vocês. Podem ir!

Voltando-se a Nekhti:

– E você, meu irmão, que ventos do deserto o trazem aqui?

– Preciso de sua ajuda.

– Pode dizer.

Nekhti contou então tudo o que havia se passado na noite anterior.

– O sonho foi real – finalizou Nekhti. – Ladrões entraram na tumba. Depois me vi no julgamento do tribunal de Osíris. Mas, quando iam pesar a minha alma, surgiu um disco solar e em seguida um faraó estranho pedindo ajuda... Diga-me, amigo Hotep, o que isso significa?

Hotep parecia não ter se abalado com o que ouvira e respondeu:

– O que me pede é uma explicação que não posso lhe dar, meu irmão. Vamos à sala de discussões. Quem sabe não encontramos alguma resposta para suas perguntas?

Nekhti e Hotep dirigiram-se então ao recinto. Por entre colunas muito altas e corredores decorados com desenhos que contavam histórias antigas da ciência, dos mitos e dos deuses, ouvia-se um burburinho.

Várias rodas de sacerdotes discutiam os mais variados assuntos. De vez em quando, vozes em altos brados reclamavam, trocando ofensas não ouvidas em outros locais. Aquele parecia ser realmente o lugar propício para Nekhti expor o que havia ocorrido na tumba do médico real.

– Eu sei quem pode ajudá-lo, irmão Nekhti! – exclamou Hotep, ao olhar para uma das rodas. – É o sacerdote de Amon! Ele está aqui presente.

Figura poderosa, o sacerdote de Amon tinha entre suas inúmeras atribuições a de interpretar sonhos.

Apresentado por Hotep, Nekhti foi bem recebido por Bakenkhonsu, o sacerdote de Amon. Porém, enquanto ouvia o relato, o semblante do sacerdote foi se franzindo. O rosto sério indicava a Nekhti que poderia ter problemas.

– O irmão conheceu alguma outra tumba de servidor real antes dessa? – perguntou Bakenkhonsu.

– Não. A única que eu acompanhei foi a do médico real.

– E já tinha visto alguma vez antes a estatueta a que faz menção?

– Sim. Nos preparativos do enterro. Mas... ela é assim tão importante? – quis saber Nekhti, estranhando a pergunta.

– De acordo com sua descrição, essa estatueta é a de Imhotep, o criador da medicina egípcia. Ele foi o nosso maior arquiteto, além de escriba e vizir do faraó Djoser, como você deve saber.

– E o faraó que apareceu em meu sonho?

– Tem certeza que não sabe de quem se trata?

– Tenho. Quem pode ser? O sacerdote sabe?

– Na-não. – O sacerdote de Amon demonstrou insegurança na resposta, mas se recompôs para ameaçar Nekhti:

– O mais grave no que diz ter sido um sonho é que a tumba do médico real foi realmente violada esta madrugada. Os guardas responsáveis pela sua proteção, e que a abandonaram, já estão presos. O que me causa espanto é o fato de você estar dentro dela e nada ter feito para impedir o roubo. O irmão deve saber que não é incomum existir entre os ladrões de tumbas, além de artesãos que sabem os caminhos internos de um sepulcro nobre, mumificadores e até escribas. Não é verdade, caro irmão Hotep?

O tom de ameaça fez os dois amigos gelarem. Entreolhando-se, perceberam estar diante de um problema. Procuraram encerrar a conversa com o sacerdote de Amon o mais rápido possível, sentindo, porém, que o fato poderia ter desdobramentos.

O sacerdote, percebendo o medo estampado no rosto de Nekhti, procurou acalmá-lo:

– Vamos conversar mais sobre o seu sonho. Procure-me no templo de Amon. Vou procurar ajudá-lo em suas dúvidas. Pode vir acompanhado de seu amigo, o irmão Hotep, que poderá abandonar por alguns momentos os prazeres da vida, não é mesmo?

Rindo da brincadeira, e demonstrando saber como Hotep vivia, Bakenkhonsu retirou-se.

– Não só não obtive a resposta que procurava, como poderei ser acusado de violar uma tumba! – comentou Nekhti, assombrado.

Hotep, sempre mais calmo, resolveu serenar o amigo:

– Nada disso, meu irmão Nekhti, você deve aproveitar mais os prazeres da vida e não fazer tantas perguntas. Para esquecer o sonho e esta conversa, venha amanhã à minha casa. Não vá ao templo de Amon. Vá ver aquela moça que eu trouxe da Terra do Crocodilo, onde você conheceu a fonte de toda fé dos faraós, onde se planta o trigo para o pão, que mata nossa fome, e a cevada, que permite fabricar a nossa cerveja. Onde nasce o papiro em que imortalizamos nossas ideias e crenças. Onde aparece a flor de lótus e se trabalha para a glória eterna do faraó. E, principalmente, onde conseguimos aquelas que nos servem e nos fazem felizes.

Fingindo que ouvia o amigo, Nekhti pensava na moça que vira apenas duas vezes. Quem sabe, imaginava, o sacerdote de Amon não poderia realmente ajudá-lo? Iria procurá-lo pela manhã, conforme a ordem dada, com o sol iluminando o rio e todos os caminhos do Egito. A casa de Hotep ficaria para outra vez. Não faltaria oportunidade, pensou.

# 6

# *O templo de Amon*

Como em todas as manhãs, Bakenkhonsu foi fazer o ritual de purificação da imagem de Amon na Casa dos Deuses. O sacerdote entrou pela porta principal do templo, atravessando o pátio aberto, em direção ao santuário que ficava ao fundo.

Todo asseado, com os pelos do corpo depilados – a higiene era fundamental para o contato com a divindade –, vestido de túnica de linho branco e sandália de papiro, o sacerdote de Amon fazia o ritual em nome do faraó. Às vezes, o rito contava com a presença do próprio rei dos egípcios.

Acompanhavam o sacerdote de Amon outros sacerdotes, músicos, dançarinas e cantoras, que tocavam instrumentos, como sistros – espécies de marimbas – e crótalos – castanholas –, enquanto entoavam hinos religiosos.

Bakenkhonsu depositou no altar da imagem de Amon comidas, roupas e incenso. Em seguida, abriu a cortina que protegia a divindade e deu início ao ritual de purificação, banho e secagem. Depois de devolver a imagem ao altar, passou a dedicar-se às suas atividades diárias, como interpretar sonhos e pedir ajuda aos deuses.

Nekhti, conforme havia sido combinado, esperava ansioso pelo término do ritual, no portão imponente do templo. Aos seus ouvidos chegavam os sons dos hinos e instrumentos musicais. Ele pensava com temor na acusação que poderia lhe pesar. O saque às tumbas no Egito não era visto apenas como um roubo, mas principalmente como sacrilégio, como ofensa às crenças na imortalidade da alma. E essas crenças eram algo em que Nekhti não acreditava.

Os pensamentos de Nekhti foram interrompidos pela chegada do sacerdote, que lhe pediu:

– Conte-me novamente o que aconteceu naquela noite. Seja sincero com os deuses, principalmente com Amon.

Com voz trêmula, Nekhti pôs-se a explicar os acontecimentos:

– Como já disse, irmão sacerdote que interpreta sonhos e auxilia o faraó na glória de seu reino, acompanhei o cortejo do médico real e quando estava dentro da tumba deram-me cerveja com gosto estranho para beber. Mas julguei que fosse parte da cerimônia. Depois tive aquele sonho confuso com a presença de um faraó que desconheço... Quando acordei, haviam saqueado a tumba. Mas foi graças aos ladrões que pude sair do túmulo. Pergunte aos deuses, caro irmão sacerdote: não faria uma coisa dessas e se o fizesse não contaria a ninguém, muito menos ao responsável pelos rituais sagrados no Egito.

– Compreendo. Mas quem vai dizer se você mente ou não é Amon. Vou consultá-lo. Caso esteja mentindo, eu o entregarei ao tribunal dos homens. Se estiver dizendo a verdade, esqueceremos o que disse e nada faremos ou falaremos sobre o que viu.

– Pois é isso que me intriga, irmão sacerdote. Tive visões estranhas. Eu não as entendi. O sacerdote de Amon, que decifra sonhos e enigmas, pode interpretar meu sonho?

– Posso. Mas primeiro vou ao santuário consultar Amon. Os músicos, as bailarinas, as cantoras e outros sacerdotes ainda me esperam para a consulta. Aguarde-me aqui, nenhum homem que não esteja iniciado, que não seja de luz, pode presenciar nossa conversa com o deus.

O sacerdote adentrou novamente no templo, deixando Nekhti. Seu destino, refletia ele, incrédulo, dependia de uma estátua!

Nekhti preferia as fórmulas dos remédios naturais, que conhecia tão bem. Não associava, como a maioria, a sua medicina à magia. Sempre buscava resultados que considerava práticos. Esse, aliás, era um dos motivos de suas dúvidas e angústias. Motivos que o impulsionavam ao desejo de conhecer outras terras.

Ele pensou na sua vida incerta. Desde a morte do médico real, aguardava um chamado que não ocorrera: o de fazer parte do grupo seleto de médicos reais. Continuava a atender nobres e amigos, mas ainda não tivera acesso aos aposentos do faraó.

Quando o sacerdote retornou, o seu rosto era grave, o que preocupou Nekhti.

– Meu irmão Nekhti, vou lhe dizer uma coisa antes de comentar a orientação que recebi de Amon sobre seu caso. Nós, sacerdotes, somos filhos e netos de sacerdotes. Nossas famílias nos preparam desde criança para o diálogo com os deuses, para a vida espiritual. Ajudamos o faraó, que garante a todo o Egito paz, saúde e prosperidade. Não temos a missão de indicar o que as pessoas devem fazer. Mas temos o poder de punir aquelas que fazem o que não podem. Não toleramos os sacrilégios, os ladrões de tumbas, os que enganam o povo cobrando impostos para uso próprio e os descrentes... – Nekhti engoliu seco diante do que ouvia.

Bakenkhonsu falava baixo e pausadamente, transmitindo serenidade e convicção.

– Consultei Amon, meu irmão Nekhti, sobre sua presença na tumba. Você realmente não estava ali com intenção de roubo nem de sacrilégio. Amon disse-me que era um desejo do médico real, a quem você servia, para que continuasse lhe servindo na eternidade, como seu auxiliar preferido... O seu problema, meu irmão, é outro. Você é descrente. Daí sua alma ser infeliz. O turbilhão que é seu interior ficou claro em seu sonho. Mas o problema principal é o disco solar que apareceu. Ele mexe com nossas mais caras convicções. O faraó que lhe pede ajuda é Amenófis IV, o herético. O que quis destruir nossas crenças mais antigas e sagradas, impondo o culto a um único deus, Aton, deus do disco solar. O faraó que mudou seu nome para Akhenaton, que fundou uma cidade, Akhetaton, para culto de Aton, e tentou, enquanto reinou, incutir no povo discórdia e descrença.

– Mas e o meu sonho, como pode ser explicado?

– Aí é que está a gravidade, meu irmão. Você tem propensão às ideias proibidas...

A opinião do sacerdote de Amon atingiu Nekhti como um vento forte do deserto.

– Mas...

– A ordem de Amon é que você prove ao faraó seu amor às nossas crenças e que siga as regras da deusa Maat, da justiça e da verdade.

– Como?

A resposta de Bakenkhonsu não podia ser mais surpreendente:

– Você, irmão Nekhti, vai fazer uma viagem. Venha, vou apresentá-lo à sacerdotisa que lhe explicará o que deve fazer.

Nekhti seguiu Bakenkhonsu pelos corredores do templo. Conforme entrava naquele recinto imenso, sentia vertigens. Na lateral, entre duas colunas, uma moça de túnica transparente e braceletes nos braços aguardava os dois. Quando Nekhti se aproximou, reconheceu aquele rosto, que havia visto por duas vezes e que não saía de sua cabeça. Era a mesma moça de cabelos dourados, agora com uma peruca negra, e sorriso largo.

– Esta é Ba-ptah – falou o sacerdote, apresentando a sacerdotisa. – Como você pode ver, ela não é egípcia. É de um povo que vive próximo da Síria. Mas conhece todos os nossos rituais. Ela irá indicar-lhe o caminho dos mistérios do Egito.

# 7
# Os mistérios do Egito

Nekhti quase não podia esconder a euforia. Imaginou uma viagem pelo Nilo, como faziam os nobres mais ricos, numa flotilha de embarcações de papiro até o delta do rio, passando por antigas capitais do Alto Egito. Tudo com a ajuda do faraó e acompanhado por Ba-ptah.

Pensou no conforto que iria usufruir e lembrou-se das palavras do amigo Hotep, de que a vida deveria ser aproveitada ao máximo, pois esse era o desejo dos deuses. Seu sonho foi porém desfeito quando ouviu, pela linda boca de Ba-ptah, o que na verdade deveria fazer para provar seu amor ao faraó:

– Você deverá fazer sozinho uma viagem pelo Egito, descendo em direção ao mar, até chegar às pirâmides dos reinos antigos.

– Mas você não me acompanha? – perguntou Nekhti, preocupado e decepcionado ao mesmo tempo.

– Não. Esta viagem é só sua – respondeu rindo a moça que encantava o médico.

– Mas eu não tenho barco! Não sou nobre! Sou apenas um médico que tem muito ainda o que descobrir dos mistérios da saúde e da doença.

– Mas você não vai precisar de barco.

– Como então vou chegar às pirâmides?

– A pé. E não pelas margens do rio Nilo, mas pelo deserto. Quando voltar, conversaremos sobre o que descobriu, meu irmão Nekhti – finalizou Ba-ptah, com suavidade, como que o encorajando.

Nekhti estava perplexo. Era uma viagem que poderia durar mais de um ano, mas não tinha escolha. Pelo menos – tentava se consolar – teria a recompensa de reencontrar aquela misteriosa e bela moça.

Ba-ptah acompanhou Nekhti até o templo de Luxor. Atravessaram o Nilo e durante a travessia Nekhti sentiu o perfume da moça. Não resistiu e tocou em seus braços. Ba-ptah não rejeitou o carinho e Nekhti sentiu-se encorajado para partir.

Nas proximidades do templo, despediu-se de Ba-ptah na certeza de ter seus sentimentos correspondidos e partiu em direção ao deserto oriental, que separava o Egito do mar Vermelho. Além da túnica de linho branco que vestia e das sandálias de papiro, levava apenas uma bolsa com farinha.

As primeiras horas do deserto pareceram uma eternidade. O sol escaldante, o medo de serpentes e escorpiões, o infinito da areia inundavam a imaginação de Nekhti durante sua caminhada.

Tinha sido orientado a mudar de rumo em direção ao Nilo quando o sol passasse do meio-dia. Assim estaria próximo de água e de vegetação quando a noite chegasse. Talvez encontrasse até alguma aldeia onde pudesse arrumar alimento.

E assim Nekhti foi fazendo sua jornada, sem se dar conta da passagem do tempo. Os dias não eram mais monótonos e ele descobriu que no deserto cada grão de areia tinha uma infinidade de formas. Às vezes cruzava com tribos do deserto e postos de guarda avançada

conhecida Terra do Crocodilo, atravessou o Nilo ajudado por pescadores, mas sem o conforto da primeira vez que ali estivera com Hotep na cobrança de impostos.

Resolveu passar um tempo entre os camponeses e dessa vez observou melhor como trabalhavam. Chegou até a ajudá-los guiando o arado puxado por bois. Ensinou-lhes, agora com mais tempo, noções de higiene e a utilização de plantas medicinais.

Nekhti acabou ficando amigo deles e pôde conhecer seus cultos, principalmente ao deus Sobec, o Crocodilo, grande temor dos que se banhavam no rio e ao mesmo tempo protetor das atividades agrícolas.

do faraó, que protegiam caravanas dos ataques de salteadores.

Vários dias se seguiram sem que nada diferente acontecesse quando Nekhti chegou a um lugar que lhe causou profunda admiração: uma cidade completamente abandonada, próxima ao Nilo, mas em pleno deserto oriental.

Ao percorrer as ruas da cidade, observando desde mansões a casas mais modestas, todas vazias, Nekhti sentiu estranhas sensações. Lembrou-se do sonho – ou seriam visões? – que tivera dentro da tumba do médico real e teve a revelação: ali havia sido Akhetaton, a capital durante o reino de Akhenaton, o faraó herético que aparecera em seu sonho.

A cidade fora construída com tudo o que era necessário, mas logo após a deposição de Akhenaton as pessoas tiveram de abandonar a capital do culto ao disco solar.

De volta ao deserto, Nekhti caminhou em direção ao Baixo Egito, onde havia nascido a civilização egípcia. Ao se aproximar da agora

Nekhti considerou aquele tempo vivendo entre os camponeses como indispensável ao conhecimento que tanto procurava. Neles se encontrava uma sabedoria milenar que talvez permitisse entender por que homens tão antigos, distantes de sua época, tinham dado uma cota de suas vidas na construção de monumentos tão grandiosos, que durariam provavelmente para toda a eternidade.

Ele partiu para mais uma etapa de sua viagem: as pirâmides. Depois de caminhar vários dias, avistou, não tão longe das margens do Nilo, as pirâmides mais antigas do Egito: a inclinada e a de degraus.

Esses monumentos causaram a Nekhti uma sensação inexplicável. Estava diante de um passado distante e tão próximo. Sentiu-se pequeno como um grão de areia.

Aos pés agora da pirâmide de degraus, observou sua altura. O sol batia forte e não havia nenhum vento. Silêncio total. Nekhti concentrou-se na lembrança dos últimos meses de sua vida. Muitas coisas haviam ocorrido desde a morte do médico real e ele nunca poderia imaginar que um dia estaria naquelas condições: sem nenhum bem material, nenhum desejo, somente ele e a obra de seus antepassados.

Mas a parada foi breve, logo Nekhti seguiu viagem pelo deserto até Mênfis, antiga capital do Egito com vários templos e população concentrada. Ficou ali alguns dias, recuperando suas forças para a última etapa de sua jornada: Gizé.

Nekhti foi caminhando pelas margens ocidentais do Nilo até que avistou o leão sentado com rosto humano e coroa de faraó: era a Grande Esfinge... Mais atrás, viu as pirâmides dos faraós Quéops, Quéfren e Miquerinos.

Durante horas, Nekhti, sentado de pernas cruzadas, admirou aquelas formas magníficas a sua frente, sem sentir o tempo passar.

O sol começou a se pôr e ele continuou na mesma posição. Era noite quando finalmente dormiu e sonhou com a moça estrangeira.

Ao acordar, decidiu começar o caminho de volta: tinha encontrado a resposta que procurava. Embarcaria com pescadores do Nilo, depois de meses de caminhada solitária, apressando assim o seu retorno a Tebas e à imagem que povoava seus sonhos: Ba-ptah.

# 8

# O rei dos egípcios

Assim que chegou em Tebas, procurou pelo sacerdote de Amon, no templo de Karnak. Foi bem recebido por Bakenkhonsu, mas a ansiedade de Nekhti era tanta que foi logo perguntando pela moça estrangeira de nome Ba-ptah. A resposta não lhe agradou:

– Ba-ptah é uma princesa que estava prometida ao faraó Ramsés II. Ela já pertence a ele. Você talvez nunca mais a veja. Ba-ptah mora agora no palácio real entre as demais concubinas do rei... que aliás irá recebê-lo em audiência.

– Mas por que eu seria recebido pelo faraó? – perguntou Nekhti, intrigado.

– Para dizer a ele o que descobriu em sua viagem. Seja sincero, meu irmão, com o deus vivo – aconselhou Bakenkhonsu.

Nekhti sentia dupla emoção: iria finalmente conhecer o rei dos egípcios, mas também sentiu tristeza com a impossibilidade de rever a moça de sorriso largo. Como os camponeses que cediam uma parte de sua produção para a glória do rei, ele também cedia uma parte de si mesmo.

Naquela manhã, como em todas as outras, a toalete do faraó seguiu um verdadeiro ritual. Enquanto tomava seu banho com auxílio de várias pajens, ouvia as preces de alguns sacerdotes. Finda a higiene pessoal, que ia do corte das unhas até o dos cabelos, sempre rentes, começou a ser vestido. Colocaram nele uma peruca – nenhum faraó poderia se apresentar aos seus súditos com a cabeça descoberta –, a tanga pregueada e as sandálias de junco. No peito, colares com figuras de animais sagrados, como o escaravelho. Por fim, recebeu sobre a peruca as duas coroas, a branca, do Alto Egito, e a vermelha, do Baixo Egito.

Com um cajado numa mão e um mangual em outra, o senhor de Khemi, o rei da Terra do Espírito de Ptah, a encarnação viva do deus Hórus, o supremo sacerdote, o que garantia vida, saúde e força, o faraó Ramsés II, o rei dos egípcios, dirigiu-se, acompanhado de Nefertari – a preferida entre as esposas –, servidores e familiares, ao salão de audiências, onde receberia notícias de seus reinos e julgaria casos que só um deus poderia julgar.

Nekhti, por sua vez, também acordou cedo na expectativa de um encontro incomum: ficar face a face com o faraó. Olhou pela varanda de sua modesta casa, de onde podia avistar o

Nilo, e lembrou-se do hino de exaltação ao rio que permitia à Terra Negra, o Egito, existir. Após uma refeição leve, Nekhti dirigiu-se ao palácio real.

Ao chegar aos portais da moradia real, encontrou-se com outras pessoas que também seriam recebidas pelo faraó. Entre elas seu amigo Hotep, que lhe explicou o que fazia ali:

– É que o tesoureiro real deverá prestar contas ao faraó dos excedentes que estão estocados nos celeiros reais. Também deverá explicar como vão os tesouros. Ramsés II exige cuidados extras depois que surgiram comentários sobre o desvio de objetos conquistados de outros países. E você, meu irmão, que não vejo há tanto tempo, o que tem a dizer ao Hórus encarnado?

– Vim para contar o que descobri em minha jornada pelo deserto.

– O faraó é magnânimo. Saberá julgá-lo com isenção, principalmente depois de você ter seguido as orientações do sacerdote de Amon.

– Não foi por ele que fiz o que fiz. Mas agora não importa, aprendi muito em minha viagem ao Baixo Egito.

Nesse instante a conversa foi interrompida, pois tinham sido convidados a entrar na majestosa construção de altas colunas. Conforme iam passando pelas várias salas que antecediam o salão de audiências, podiam ouvir o som da música divertindo o faraó antes das audiências públicas.

Já no interior do salão, Nekhti não conseguiu conter a admiração diante de tanto luxo. Seu olhar, no entanto, logo se fixou no fundo da sala. Lá estava, sentado, o faraó. Ao seu lado, a rainha Nefertari. Do outro lado, músicos, bailarinas e sacerdotes. Nekhti notou também que Ba-ptah não estava presente.

Pouco a pouco o nome dos que seriam recebidos foram sendo anunciados. O primeiro foi o tesoureiro real, acompanhado de Hotep. Ambos se prostraram diante do rei. O sacerdote de Amon comandou a audiência, pedindo ao tesoureiro que expusesse seu relato.

– Ó Vida, Saúde, Força! Todos os seus assuntos são sólidos e prósperos. A fim de que tudo o que tem que entrar entre e que tudo o que tem que sair saia também, trago à figura de Hórus encarnado as últimas contas do reino de Khemi, a Terra do Espírito de Ptah, com a graça de Amon, o Oculto, e a ajuda de Thot, o Sábio.

Após todo um ritual introdutório, o tesoureiro expôs ao faraó as atividades financeiras do Egito. Detalhou a situação dos tesouros reais e dos celeiros. Explicou os resultados da enchente daquele ano, que propiciaria fartura para as próximas colheitas, e elogiou a atuação de seu escriba auxiliar, Hotep. Nekhti observou que o poder de seu amigo havia crescido desde sua partida.

Quando o tesoureiro real terminou seu relato diante do faraó, o sacerdote de Amon anunciou Nekhti, que se prostrou solene diante do rei.

O próprio sacerdote pediu a Nekhti que explicasse em detalhes o que lhe acontecera após a morte do médico real.

Nekhti, a princípio gaguejando, começou a contar como havia ficado preso na tumba, até a solução encontrada pelo sacerdote para que ele obtivesse por si próprio a resposta a suas dúvidas e incertezas.

Ramsés II, que até então ouvia tudo em silêncio, com os braços cruzados, levantou-os e, ainda segurando um pequeno cajado e um mangual, começou a falar:

– É belo fazer monumento sobre monumento. É belo o que me diz este irmão sobre sua viagem ao Baixo Egito, a terra do papiro. Você saiu da Terra da Flor de Lótus e procurou diante do túmulo de nossos antepassados uma resposta, como eu fiz um dia diante do túmulo de meu pai, em Abidos. Como a encarnação viva de Hórus, já descobri que não foi você quem roubou a tumba de meu médico, nem ficou com a estatueta que representava Imhotep. Mas o que você ainda não me disse foi o que descobriu diante da Grande Esfinge, quando lá ficou sentado um dia e uma noite. Diga-me, meu irmão, o que descobriu lá?

O salão de audiências do palácio real ficou em silêncio absoluto. Todos sabiam que o destino de Nekhti estava naquela resposta tão aguardada. Nekhti abaixou a cabeça aumentando a expectativa sobre o que ia dizer. Levantou o rosto, encarou o faraó e serenamente respondeu:

– É belo estar diante do rei dos egípcios, de Hórus encarnado, do filho de Rá, o Sol, que garante a nós todos Vida, Saúde e Força.

É também belo estar diante dos monumentos que buscam comprovar a vida eterna. Mas o que descobri ali, diante da Grande Esfinge, foi um sentimento que eu desconhecia. Descobri que deveria voltar ao Alto Egito, Terra da Flor de Lótus, aqui em Tebas, para encontrar-me com a moça que me indicou o caminho do deserto em direção ao conhecimento de mim mesmo.

Enquanto Nekhti falava, um clima de mal-estar se instaurou no recinto. Os sacerdotes começavam a entender a quem ele se referia.

– Quando cheguei em Tebas, meu faraó – continuou Nekhti –, descobri que Ba-ptah já residia em seu palácio, sendo uma de suas esposas queridas. Considerei então que esta seria a cota de sacrifício que eu deveria oferecer ao meu rei, mesmo não podendo esconder a inveja que sinto de um deus vivo. Ele roubou o que eu tinha como de mais valioso e eu não posso fazer nada. É muito mais do que qualquer tumba violada.

Tanto o faraó quanto a audiência daquele dia não esperavam por aquela sinceridade de Nekhti. Ramsés resolveu então dar seu parecer diante de uma plateia atônita:

– Não o culpo por me invejar. Um deus é sempre motivo de admiração dos que não têm acesso ao que ele alcança. Mas essa moça, Ba-ptah, não se encontra mais entre nós...

Nekhti assustou-se com a possibilidade de que ela tivesse morrido.

– O que aconteceu com ela? – perguntou ao rei dos egípcios.

– Nada. Apenas voltou ao seu povo. Pediu-me e eu permiti. Já estou de casamento marcado com outra princesa estrangeira. Mas você não me respondeu sobre a deusa Maat...

– Senhor de toda Khemi, a deusa Maat está na verdade de cada um.

O faraó Ramsés II levantou-se do trono para dar seu veredicto sobre Nekhti:

– Eu julgava que hoje encontraria o substituto de meu médico e encontrei uma alma à procura de si mesma. Como encarnação de Hórus, o deus falcão, filho de Osíris e Ísis, devo indicar o seu caminho, meu irmão. É uma indicação e uma ordem. Um faraó não sugere aos seus súditos o que podem fazer, mas o que devem. Só existe uma forma de aprofundar a procura de Maat. E você a fará. Após a festa de Opet, a festa da abundância, quando diante de todo o povo eu vou transportar a imagem de Amon-Rá do templo de Karnak para o de Luxor, você deve abandonar o Egito. O que procura não está na Terra do Corpo Sutil de Ptah, não está em Khemi, na Terra Negra, mas no corpo pouco sutil daquela que aqui foi chamada Ba-ptah, cujo nome lembra a alma que continua sobre a terra e o deus protetor dos artistas e inventores de histórias. É para ela que deve se dirigir. Atravesse a Terra Vermelha, o deserto oriental, e vá atrás de Maat.

Dirigindo-se aos demais, o faraó concluiu:

– Voltem todos aos seus afazeres, a audiência terminou!

Para Nekhti, após a festa de Opet, uma nova vida deveria começar.

# 9

# A festa de Opet

A festa de Opet se realizava no terceiro mês da inundação e durava um mês, pois se acreditava que a fartura no Egito dependia do respeito aos desejos dos deuses.

No auge da cheia do Nilo, o povo podia ver o faraó desfilar em sua luxuosa embarcação pelas águas do rio, carregando a imagem de Amon-Rá. Tudo começava no templo de Karnak, de onde a imagem do deus era carregada em procissão até a embarcação. O Nilo ficava repleto de barcos, vindos de todas as partes do Egito.

O barco do faraó puxava o cortejo pelo rio. Todo decorado, parecia uma cópia em miniatura de seu palácio. Várias embarcações reproduziam templos de deuses. Antes de partirem, hinos eram entoados a Amon-Rá. Nas margens, mulheres tocavam instrumentos musicais. As pessoas batiam palmas conforme a imagem ia passando. Alimentos, frutas e bebidas eram distribuídos entre os que participavam da procissão.

Festas também aconteciam nas casas, onde bois eram abatidos para alimentar grupos grandes de pessoas.

Nekhti caminhava entre a multidão que festejava nas margens a inundação do rio que permitia o alimento e a prosperidade de um ano todo. Ia em direção à casa de seu amigo Hotep, onde uma festa estava sendo dada.

Hotep havia se mudado para uma casa ainda maior que a anterior, não muito longe do centro de Tebas. Ao chegar à casa do amigo, Nekhti ouviu o som da música e das cantorias. Toda murada, tinha uma alameda

interna com árvores plantadas. Na entrada principal, Nekhti esperou por um momento até que os servos viessem buscá-lo para indicar o corredor que dava acesso à sala de recepção.

Ali, belas dançarinas, nuas ou em trajes transparentes, encantavam os convidados ao som da flauta, cítara, harpa e outros instrumentos. Bonitas servas iam e vinham trazendo carnes, legumes, bolos, frutas. A cerveja era servida com fartura.

Ostentando nas cabeças cones de gordura perfumada que derretiam com o calor e iam soltando um delicioso perfume, os convidados conversavam animados, formando grupos separados só de homens e só de mulheres.

Nekhti ficou impressionado com a riqueza ostensiva de Hotep, a quantidade de servos que tinha. Até mesmo um lago artificial, todo decorado com flores de lótus, símbolo do Alto Egito, tinha sido construído. Era uma mansão digna até de um faraó.

Hotep estava sentado numa poltrona forrada de couro, com ilustrações douradas baseadas nos mitos conhecidos. Era abanado e servido por várias moças. Entre elas estava aquela que Hotep havia trazido da Terra do Crocodilo. Enquanto bebia cerveja numa taça, gritou para o amigo Nekhti, que entrava na sala principal:

– Meu irmão Nekhti! O que agradou ao faraó! Merece todas as nossas homenagens. Comemore conosco a festa da abundância. A inundação do rio que permite nossa real existência. Veja quanta gente bonita está aqui. Lembra-se desta moça que trouxemos da Terra do Crocodilo? Sabe como ela se chama? É Tamit, a gatinha.

– Caro Hotep, não posso ficar para a sua bela festa, nesta bela casa... Vim apenas despedir-me do amigo.

– Mas por quê? – perguntou o anfitrião. – Aproveite a vida, meu amigo! Você tem a festa toda de Opet para se divertir antes da partida. Aproveite o Egito, ele ainda é seu!

– Não. Desejo deixar o Egito o mais rápido possível para ir ao encontro de Maat, como disse o faraó.

– Eu sei o que você procura, meu irmão. Continua o mesmo, procurando o impossível. Mas, antes de partir, quero que aceite um presente meu. Peço que não o despreze. E nem a mim.

Nekhti sabia que não podia recusar um presente do amigo, ainda mais por não ter certeza se voltaria ao Egito novamente.

Hotep entrou pelos corredores de sua mansão e rapidamente voltou com um objeto na mão. À medida que o amigo se aproximava, Nekhti foi identificando, para seu espanto, qual era o presente prometido. Hotep carregava uma estatueta de Imhotep, muito parecida com a que havia sido roubada na tumba.

– Leve, meu irmão – disse Hotep, denunciando a sua participação em roubos de sarcófagos. – É um presente de amigo.

Nekhti, perplexo, pegou a estatueta em suas mãos, examinando-a bem, nos mínimos

detalhes. Não havia dúvida, era a mesma que pertencia ao médico real. Como se desculpando, Hotep confirmou o que o amigo temia:

– Ninguém pode me acusar de nada, meu irmão. Ninguém é inocente no Egito. Existem aqueles que, como você, buscam Maat. E para isso saem de sua terra. E existem aqueles que, como eu, querem aproveitar ao máximo esta vida. Para que quando eu morrer possa ter minha tumba completa e para que minha história contada num papiro convença o tribunal de Osíris de que eu fui o melhor dos homens. Que alcancei em vida a verdade e a justiça, a Maat que você tanto procura... Gostou de meu presente, meu irmão?...

– Não posso recusar um presente de amigo, meu irmão Hotep. Também não posso dizer que fiquei feliz com o que descobri hoje. Principalmente depois de tudo que passei para entender o que havia ocorrido dentro daquela tumba. Mas, da mesma forma que não tenho como recusar seu presente, que me esclarece muita coisa, mas não tudo, você vai ter que aceitar o meu.

Sem dizer mais nada, Nekhti deu um soco em Hotep, que caiu para trás, derrubando mesas e cadeiras, para espanto dos convidados e dos músicos, que pararam de tocar.

– Adeus, meu irmão! – despediu-se Nekhti, virando as costas em direção à saída da casa.

Ao passar pelos portais da mansão, deparou com o tesoureiro real e grande séquito, que entravam na casa falando alto e rindo. Nem notaram a sua presença, muito menos a estatueta em sua mão.

Vestido apenas de túnica, com sandálias de papiro e uma bolsa com algum alimento e a estatueta, Nekhti deixou sua casa e partiu em direção às ruas centrais de Tebas, onde pôde ler num obelisco construído a mando de Ramsés II a seguinte inscrição:

*"Enquanto o céu existir,*
*seu monumento existirá*
*E seu nome permanecerá como o céu".*

Nekhti juntou-se novamente à multidão que lotava as margens do Nilo para a passagem do cortejo, mas sua direção era outra. Era para além do Egito, rumo ao seu destino...

# *Uma visão da História*

## Introdução

Em 1881, um funcionário do governo egípcio, sobrecarregado de trabalho, acabou classificando a recém-descoberta múmia do faraó Ramsés II como peixe seco a ser embarcado para a capital, Cairo...

Esse episódio ajuda a entender o quanto é recente o contato do mundo moderno com o que restou de uma imponente civilização surgida há cinco mil anos. Mais do que isso: esse fato revela o quão pouco se sabia sobre esse povo até então.

Na verdade, foi somente no século XIX que começou a se constituir a moderna arqueologia egípcia, ciência encarregada de trazer à luz um dos mais fascinantes momentos da trajetória humana. As pirâmides, as tumbas suntuosas, os achados arqueológicos só fazem aumentar a curiosidade a respeito de uma cultura que influenciou de maneira permanente outros povos na África, na Ásia e na Europa.

Grandes arquitetos, os antigos egípcios desenvolveram técnicas de construção ousadas e grandiosas. Também praticaram uma medicina variada e original. Além disso, dispensavam um cuidado especial para com os mortos, pois acreditavam em uma vida após a morte. Nas próximas páginas você conhecerá um pouco mais sobre a história dessa fascinante civilização.

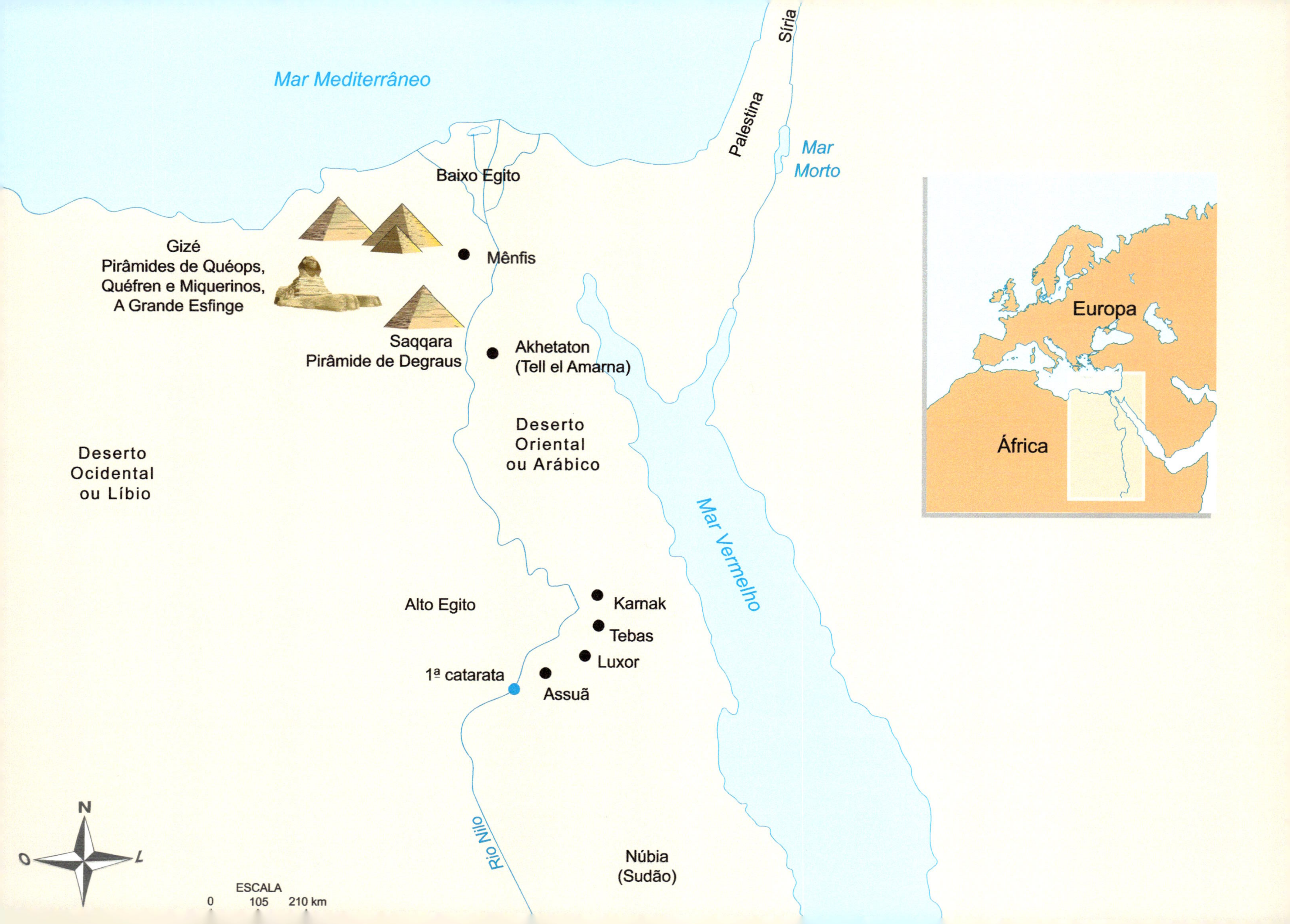

Mar Mediterrâneo
Síria
Palestina
Mar Morto
Baixo Egito
Gizé
Pirâmides de Quéops,
Quéfren e Miquerinos,
A Grande Esfinge
Mênfis
Saqqara
Pirâmide de Degraus
Akhetaton
(Tell el Amarna)
Deserto
Oriental
ou Arábico
Deserto
Ocidental
ou Líbio
Mar Vermelho
Alto Egito
Karnak
Tebas
Luxor
1ª catarata
Assuã
Rio Nilo
Núbia
(Sudão)
Europa
África
N
O
L
ESCALA
0 105 210 km

## As origens do Egito

Localizado no nordeste da África, próximo da Ásia, o Egito é o berço de uma das mais importantes e influentes civilizações da história da humanidade. Seu território começou a ser ocupado há mais de 7 mil anos, ainda no chamado período Neolítico. E para se contar a história antiga do Egito deve-se considerar um elemento natural que ajudou a construir essa grande civilização: o rio Nilo.

Heródoto, o maior historiador grego da Antiguidade, chegou a definir o Egito como uma dádiva, um presente do Nilo. O rio nasce na África Central e desce rumo ao norte, cortando regiões completamente desérticas. Ao longo de seu caminho forma algumas cataratas e por vários séculos, entre junho e outubro, seu leito transbordava, devido às chuvas tropicais que caíam sobre sua nascente. Essas enchentes aconteceram até a década de 1960, quando foi construída a barragem de Assuã, mas no passado, elas foram fundamentais para a civilização egípcia. Afinal, junto com as águas das cheias vinha também o húmus, importante nutriente agrícola formado a partir da decomposição de restos vegetais e animais. Esse húmus fazia com que o solo às margens do Nilo fosse um dos melhores do mundo para a agricultura.

Por causa da fertilidade do terreno, grupos humanos começaram a se instalar às margens do rio e formaram pequenos povoados, cada qual com costumes e tradições próprios. Conhecidos como nomos, esses núcleos populacionais passaram vários séculos isolados uns dos outros e se aproximaram graças ao rio, que se tornou importante meio de transporte daquelas comunidades. Esses contatos entre os habitantes de diferentes nomos, ao mesmo tempo em que gerou disputas entre eles, também permitiu a fusão desses povoados.

## A unificação política do Egito

Apesar da importância do Nilo para a vida egípcia, o fator que decididamente ergueu essa magnífica civilização foi a ação humana, o trabalho. Uma agricultura rudimentar, que canalizava o rio para irrigar plantações de trigo, cevada ou linho, manteve-se praticamente a mesma durante toda a história do antigo Egito.

As trocas de produtos levaram ao crescimento dos nomos. À medida que estes se organizavam, formaram-se castas de religiosos, sustentados pelas comunidades. Conhecidos como nomarcas, essas pessoas também desempenhavam atividades burocráticas: cuidavam do armazenamento dos produtos colhidos e coordevam as vias de comunicação.

Com o tempo, alguns nomarcas passaram a incorporar novas regiões sob seu controle até que todo o território egípcio ficou dividido em apenas dois reinos: o Alto Egito e o Baixo Egito. O Alto Egito é a parte interior do país, ao sul, até a primeira catarata do Nilo, onde hoje fica Assuã. O Baixo Egito, ao norte, corresponde à região do delta, que se amplia em direção ao mar Mediterrâneo.

Tudo indica que os dois reinos foram unificados por volta de 3200 a.C. por um rei do Alto Egito, de nome Menés, que também daria início à primeira dinastia egípcia, ou seja, uma sequência de governantes com uma mesma origem familiar. Como a história do Egito Antigo é bastante longa, os historiadores a dividiram, em linhas gerais, em três fases para facilitar sua compreensão: Antigo Império, Médio Império e Novo Império. Para fazer essa divisão, eles tomaram por base al-

The Metropolitan Museum of Art/Nova York

*Baixo-relevo encontrado no templo do faraó Userkaf, que mostra um barco com a vela sendo içada, no rio Nilo.*

Jean-Luc Bovot, La Tombe de Sennedjem

## A religião egípcia

A religião foi um dos aspectos mais importantes de toda a civilização egípcia. Ainda nos tempos primitivos, a população encarava os fatos da natureza – como a cheia do Nilo, a seca, ou um ataque de animais, por exemplo – como algo místico. Por isso, os animais, o sol, o Nilo passaram a ser adorados como deuses. Com o tempo, os egípcios acrescentaram milhares de divindades em seu panteão.

Alguns desses deuses eram mais reverenciados e adorados pela população, como Osíris, deus responsável pelo julgamento das pessoas depois que elas morrem; sua irmã, Ísis, protetora da magia; Maat, deusa da lei, da justiça e da verdade; Hórus, o deus do céu e dos faraós. Um dos mais conhecidos era Amon, chamado o "deus dos deuses". Ele era tão importante que os faraós eram considerados filhos de Amon. Havia também casos de pessoas, que depois de mortas, passaram a ser veneradas como deuses, como o arquiteto Imhotep, considerado o deus dos escribas, da ciência e das artes.

No Médio Império, o faraó Amenófis IV (1353 a.C.-1335 a.C.) propôs uma profunda reforma religiosa ordenando que a população adorasse a apenas um único deus: Aton. O próprio faraó mudou de nome, passando a se chamar Akhenaton ("amado de Aton"). Essa é a primeira vez que se tem conhecimento na história da humanidade, de uma religião dedicada a adorar um único deus. O monoteísmo, porém, não vingou e logo após a morte do faraó o politeísmo retornou ao Egito.

*Acima, Osíris em pintura na tumba de Sennedjem, em Deir El-Medina, Egito; abaixo, representação de um funeral, extraída do* Livro dos Mortos.

Reprodução

## A escrita hieroglífica

Muito daquilo que aconteceu na história do Egito nós só sabemos porque a civilização egípcia desenvolveu um sistema próprio de escrita, a chamada escrita hieroglífica. Por meio dela, os escribas registravam em papiros ou em monumentos funerários e religiosos os importantes acontecimentos da história de seu povo.

Por ser muito difícil, eram poucos os egípcios que sabiam ler e escrever. Para redigir algum texto, eles utilizavam-se de uma série de desenhos, conhecidos como pictogramas. Assim, o desenho de um nariz, por exemplo, significava simplesmente a palavra "nariz".

Com o tempo, os escribas aperfeiçoaram a escrita hieroglífica e seus caracteres passaram a representar também as ideias. Ou seja, o desenho de um nariz, além de continuar significando a palavra "nariz", poderia representar também a ideia de "cheirar". Assim, os pictogramas acabaram se transformando em ideogramas.

Houve um momento em que os hieróglifos sofreram nova evolução, adquirindo um caráter ainda mais abstrato: os símbolos passaram a representar os sons das palavras. Eram os chamados fonogramas. Para escrever o nome do deus Osíris, por exemplo – Wosiri, em egípcio antigo –, os escribas desenhavam um trono, que se pronunciava "Wos", e um olho, cuja pronúncia era "iri". Formava-se, assim, a palavra "Wosiri". E para ninguém pensar que ali estava escrito "olho do trono", os egípcios desenhavam ao lado uma bandeira, emblema que simbolizava um deus.

guns momentos de ruptura ou crises que resultaram no enfraquecimento ou destruição do poder central.

## Antigo Império (3200 a.C. a 2000 a.C.)

Com a centralização do poder, surgiu a figura do faraó, um chefe de Estado e líder religioso considerado pelos egípcios um deus vivo. Por meio de seus representantes ele controlava toda a vida política, social, econômica e religiosa do Egito. Os nomos, anteriormente independentes, ficaram submetidos ao seu poder e passaram a contribuir com impostos para manter o Estado. Tais tributos, pagos em troca de proteção militar e religiosa, eram produtos agrícolas, artesanais e pecuários. Para administrar tudo o que ocorria no Egito, o faraó contava com os escribas, um restrito grupo de pessoas que sabiam ler e escrever e que controlavam toda a produção do império.

Baseado nos relatórios dos escribas, o governo central armazenava o excedente da produção agrícola para garantir a sobrevivência da população em casos de seca ou crises prolongadas. Graças a essas anotações, o faraó também sabia que obras precisavam ser feitas em seus

## Criar para sobreviver

Os antigos egípcios foram responsáveis por importantes descobertas em diversas áreas do conhecimento humano. Muito desses avanços aconteceram em função dos egípcios precisarem sobreviver em meio a um ambiente desértico e cheio de adversidades. Ter de prever as cheias do rio Nilo para controlar a época do plantio e da colheita, por exemplo, os levou a estudar a astronomia. Ao longo do tempo, eles perceberam que quando a estrela Sírio desaparecia no céu por 70 dias, aproximava-se o período da enchentes. Isso permitiu aos astrônomos desenvolverem um calendário solar composto por 365 dias e dividido em 12 meses. O ano novo egípcio passou a ser celebrado na data do reaparecimento da estrela Sírio no céu. Esse calendário, posteriomente, foi adaptado pelos romanos e é a base do que utilizamos até hoje.

O desenvolvimento da matemática aconteceu muito em função da necessidade dos egípcios estocarem alimentos para os momentos de seca. Os escribas se dirigiam aos nomos para pesar e listar tudo o que estava estocado. Para saber o quanto precisariam ter de alimento guardado no futuro, eles passaram a desenvolver cálculos matemáticos. Também era por meio desses cálculos que as pessoas sabiam o quanto de impostos precisavam pagar ao faraó. Esse domínio dos números contribuiu bastante para a construção dos grandes templos religiosos e das pirâmides. Afinal, se essas obras faraônicas sobreviveram ao tempo, muito se deve ao fato de terem sido edificadas com base em cálculos matemáticos precisos.

Devido à necessidade de canalizar a água do Nilo para irrigar as plantações e ter reserva nos momentos de seca, os egípcios acabaram se tornando profundos conhecedores da engenharia hidráulica e construíram canais e reservatórios de diversos tipos e tamanhos. Para levar a água para as regiões mais altas e secas, criaram o *shaduf*, um sistema de captação de água que ainda hoje é usado em diversos lugares do mundo. Graças a esse intenso contato com a água os egípcios se transformaram também em grandes construtores de barcos e exímios marinheiros.

## Os avanços da medicina

A medicina egípcia ficou famosa no mundo antigo. Seus médicos, muito requisitados, viajavam pelo Oriente Médio e provavelmente influenciaram as próprias origens da medicina ocidental, na Grécia. O desenvolvimento dessa ciência no Egito deveu-se muito à forte religiosidade desse povo. Os primeiros médicos eram os próprios sacerdotes, que acreditavam serem as doenças um recado dos deuses aos homens. Por isso, os tratamentos indicados por eles quase sempre se baseavam em receitas de carater mágico ou sobrenatural.

Posteriormente, a medicina egípcia passou por um grande avanço graças à prática da mumificação. Para mumificar um corpo, os médicos praticavam uma série de procedimentos que incluíam a retirada do cérebro e de todas as outras vísceras do organismo antes de serem aplicados produtos especiais e bandagens que impediam sua decomposição.

Embora a mumificação tenha surgido devido a questões religiosas, ela possibilitou aos médicos conhecerem melhor a anatomia humana. Com o tempo, chegaram a ser criadas escolas de medicina e havia, inclusive, uma tendência à especialização: os "médicos do nariz", por exemplo, eram aqueles que se ocupavam das vias respiratórias, já os "médicos das extremidades" cuidavam do aparelho digestivo.

A área dos medicamentos também progrediu com a criação de uma farmacopeia generalista. Os egípcios preparavam sedativos, laxantes, calmantes a partir de substâncias vegetais, animais ou minerais. Questões relativas à higiene pessoal ou à saúde pública também preocupavam os médicos do antigo Egito. Muitas vezes, eles eram enviados a regiões afastadas dos grandes centros para instruir os camponeses a respeito da importância de se tomar um banho diário ou recomendá-los a enterrar os excrementos a fim de evitar doenças.

Museu do Louvre/Paris

*À direita: vaso canopo, usado para colocar as vísceras do morto para a mumificação de seu corpo.*

*Abaixo: aqui se vê o coração do morto sendo pesado por Anúbis, deus guardião das múmias. Para ter direito à vida eterna, o coração da pessoa tinha de ser mais leve que a Pena da Verdade.*

Reprodução

## A mulher no tempo dos faraós

Das civilizações da Antiguidade, a do Egito foi uma das que mais valorizou a mulher. Geralmente, ela é representada como uma figura desejada, amada, protetora. Nos retratos feitos em papiros ou nas estatuetas egípcias, a mulher é quase sempre retratada com pernas longas, corpo esguio, seios pequenos, trajes sumários e portando perucas ou penteados complexos, com mechas arrumadas e presas por laços de fitas. A maquiagem ressaltava olhos e lábios.

De acordo com a concepção egípcia, na própria origem do Universo a mulher tinha o seu lugar de destaque. As deusas eram vistas com dignidade e algumas eram importantes protetoras do conhecimento, como Sechat, a senhora das bibliotecas, ou como Maat, deusa da lei, da justiça e da verdade. Mas foi Ísis a deusa mais venerada pelos egípcios. A sua busca incansável pelo corpo do marido Osíris, esquartejado pelo próprio irmão, a coragem para juntar os pedaços, ressuscitá-lo e devolver-lhe uma virilidade que garantisse as colheitas anuais às margens do rio Nilo fizeram dela representante da fidelidade, do amor e da astúcia.

Fora do plano da criação mitológica as mulheres também se destacavam, ocupando, inclusive, cargos de administradoras e sacerdotisas. Algumas chegaram a ensinar medicina; outras tornaram-se escribas ou comerciantes. Além disso, tinham inúmeros direitos, como o de possuir escravos, propriedades e muitos outros bens. Podiam, até mesmo, adotar crianças ou escolher o marido independentemente da vontade dos pais.

Mas o melhor exemplo da condição da mulher no Egito antigo reside no fato de que um faraó chegava ao trono por meio da linhagem feminina: ao se casar com uma herdeira, ele conquistava o direito de se tornar faraó. Por isso, tornou-se comum entre os governantes do Egito antigo o casamento entre irmãos ou até mesmo de um pai com sua filha. Ainda assim, algumas mulheres chegaram a assumir a condição de faraó. Entre 1473 a.C. e 1458 a.C., por exemplo, o Egito foi comandado por uma mulher, Hatshepsut, que governou com plenos poderes.

A mulher egípcia, acima de tudo, revelava uma imagem que traduzia o amor, a fecundidade, a maternidade ou até mesmo o momento do luto. Desfrutava de tamanho prestígio e veneração que os egípcios chegaram a deixar um poema em louvor às mulheres, intitulado "Grande alegria do coração":

*A única, a bem-amada, sem igual,*
*A mais bela do mundo,*
*Olha-a como a estrela rutilante do ano novo*
*No limiar de um ano bom.*
*Aquela cuja graça brilha,*
*Cuja pele reluz com suave reflexo,*

*Ela tem olhos de límpido olhar*
*E lábios de doce falar.*
*Nenhuma palavra supérflua sai de sua boca,*
*Ela, de longo pescoço e peito luminoso,*
*É dotada de cabeleira cor de lápis-lazúli polido,*

*Seus braços excedem o brilho do ouro,*
*Seus dedos parecem cálices de lótus,*
*Aquela de rins lânguidos e quadris estreitos,*
*Aquela cujas pernas defendem a beleza,*
*Aquela de andar pleno de nobreza*
*Quando na terra pousa os pés.*

*Com seu beijo rouba-me o coração!*

*Ela faz o pescoço de todos os homens*
*Voltarem-se para vê-la*
*E cada um deles que ela saúda é feliz:*
*Sente-se, então, o primeiro dos jovens.*

*Quando ela sai de sua casa,*
*Acredita-se, pois, ver A-que-é-a-Única!*

Museu do Louvre/Paris

*Hatshepsut e seu marido Senynefer.*

## A origem das pirâmides

Para os antigos egípcios, a morte era um momento sublime da existência. Eles acreditavam que, por meio dela, as pessoas viveriam próximas dos deuses e longe dos problemas terrenos, como a fome e a guerra. Por isso, os enterros – principalmente os dos mais ricos ou poderosos – eram cercados de bastante cuidados. Um deles era em relação ao próprio corpo do morto. Para que ele continuasse conservado para a eternidade, os egípcios o embalsamavam. E para que na vida pós-morte não faltasse nada à sua sobrevivência, essas pessoas eram enterradas com todos os objetos que poderiam ter alguma utilidade, como comida, bebida, móveis, roupas, artigos de uso pessoal e, muitas vezes, inúmeros servos.

Com a unificação política e o surgimento da figura do faraó, houve uma preocupação em fazer com que os sepultamentos se tornassem cada vez mais luxuosos. O faraó Djoser (2630 a.C. a 2611 a.C.) encarregou seu auxiliar de nome Imhotep de construir uma obra imponente para guardar o seu corpo após a morte. Nascia assim, aquela que é considerada a primeira pirâmide do Egito. A obra edificada na região da cidade de Mênfis tinha degraus, pois acreditava-se que, por meio deles, o faraó chegaria mais facilmente ao céu, onde se transformaria em uma estrela.

As pirâmides mais famosas, as do vale de Gizé, são atribuídas aos faraós Quéops, Quéfren e Miquerinos, construídas bem perto umas das outras no Antigo Império, entre 2550 a.C. e 2450 a.C., aproximadamente. Milhares de pessoas trabalharam na construção das pirâmides. Muitas delas morreram sob as enormes pedras transportadas sobre toras.

domínios, como construção de templos, diques ou canais, ou aonde havia necessidade de oferecer atendimento médico ou apoio tecnológico à população.

A maior parte da população egípcia era de camponeses, artesãos, trabalhadores das minas e pedreiras, marinheiros e barqueiros. As terras usadas para a agricultura pertenciam ao Estado, que pagava os camponeses com produtos. O mesmo ocorria com os demais trabalhadores. Os escravos, que eram muitos em tempos de guerra, ficavam à disposição de seus senhores e faziam todos os tipos de trabalho.

Durante o Antigo Império, os faraós começaram a organizar incursões em direção ao sul da África, em busca de ouro, pedras preciosas, madeiras e cobre, com o qual passaram a fabricar ferramentas, armas e equipamentos agrícolas. Foi um período de fartura e graças à riqueza acumulada, os faraós iniciaram a construção de grandes obras, como as pirâmides.

Por volta de 2300 a.C., no entanto, o Egito passou por uma grave crise provocada, entre outros fatores, por disputas internas, uma longa seca e por invasões de outros povos. Isso enfraqueceu os faraós e o poder retornou às mãos dos nomarcas. Os nomarcas governaram novamente o Egito por mais de dois séculos, entretanto, por volta do ano 2040 a.C., o poder central voltou a ser unificado com o faraó Mentuhotep II. Iniciava-se assim um novo período da história egípcia, o do Médio Império.

## Médio Império (2000 a.C. a 1580 a.C.)

Embora esse período seja marcado por grande desenvolvimento artístico e por uma expansão territorial em direção ao sul, em termos políticos, a situação encontrava-se bastante difícil. Os faraós estavam fragilizados e

*Esfinge e a pirâmide de Quéfren, em Gizé.*

*Acima, Templo de Luxor; abaixo, Templo de Amón, Karnak.*

## O cotidiano dos egípcios

A sociedade egípcia era rigidamente hierarquizada. A posição mais elevada era ocupada pelo faraó. Abaixo dele, existiam duas grandes camadas sociais: a dos mais privilegiados, formados pelos sacerdotes, nobres e escribas, e a das pessoas quase destituídas de poder, os artesãos, camponeses, soldados e escravos. Estes, compunham a maior parte da população. De modo geral, moravam em pequenas casas de junco ou madeira, equipadas com pouquíssimos mobiliários. Já os mais ricos costumavam viver em habitações maiores, feitas de adobe, uma espécie de tijolo resultante da mistura do barro com areia e palha.

A alimentação dos egípcios era à base de verduras, frutas e legumes. Eles apreciavam lentilha, alface, grão-de-bico, cebola, alho, tâmaras e uma espécie de trigo usada na fabricação de pães. Os mais ricos complementavam suas refeições com peixes e aves aquáticas. Uma de suas bebidas prediletas era a cerveja, que eles próprios fabricavam.

No dia a dia, os egípcios costumavam usar poucas roupas. Em geral, suas vestes eram transparentes, mas também era frequente encontrar crianças e adultos andando completamente nus pelas cidades. Para eles, mais do que a roupa, o uso de joias e maquiagens simbolizavam respeito social. Por isso, homens e mulheres se enfeitavam com variados tipos de adornos.

Outro prazer dos egípcios era participar de festas e reuniões. Os mais ricos costumavam organizar banquetes em suas casas. Nessas ocasiões, um grande número de escravos se encarregava de servir a comida, tocar músicas, dançar e presentear os convidados com uma flor de lótus. A população também participava das várias festividades que aconteciam ao longo do ano. Havia celebrações em homenagem ao deuses e festas agrícolas para comemorar a época da semeadura ou da colheita, por exemplo. Durante tais eventos, homens e mulheres comiam, bebiam, tocavam instrumentos e dançavam.

havia muitas disputas internas pelo poder. Essa instabilidade política facilitou a ação dos hicsos, um povo de origem asiática que, por volta de 1700 a.C., invadiu e passou a governar o Egito. Eles só foram expulsos em 1580 a.C., quando a aristocracia egípcia conseguiu se articular e reassumir o poder. Os hicsos, no entanto, exerceram forte influência sobre a civilização egípcia. Entre seus principais legados destacam-se o uso de cavalos e de carros de guerra, a construção de armaduras e de espadas afiadas para serem utilizadas em guerras.

## Novo Império (1580 a.C. a 1085 a.C.)

A expulsão dos hicsos levou os egípcios a se fortalecerem militarmente e isso os transformou em uma potência expansionista. Durante o reinado de Tutmés III (1479 a.C.-1425 a.C.), o território egípcio se estendeu em direção ao sul, para além das cataratas do rio Nilo e a oeste, até a Mesopotâmia. Mas foi com Ramsés II (1290 a.C.--1224 a.C.) que o império atingiu seu apogeu. Ao longo dos quase 70 anos em que governou, foram construídos diversos templos e o Egito viveu grande desenvolvimento tecnológico, que se comprova hoje graças aos inúmeros artefatos de cobre, ouro e ferro encontrados.

Além disso, novas técnicas agrícolas foram introduzidas, ao mesmo tempo em que se ampliava a utilização

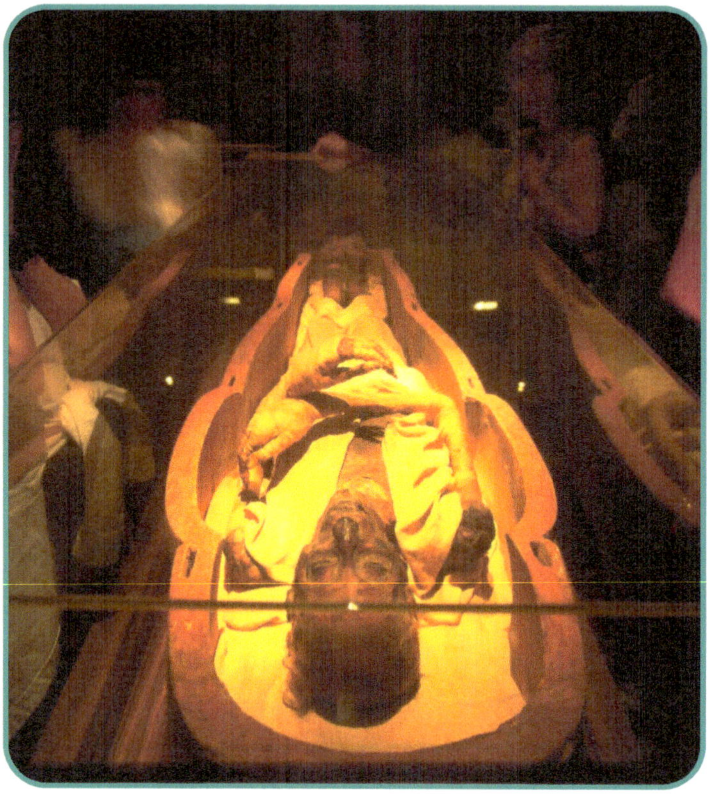

Patrick Landman/Corbis Sygma

Acima: múmia real em exposição no Museu do Cairo.

Abaixo: objetos para uso pessoal. Atrás, pequenos potes com pintura para os olhos; no centro, recipientes para cremes de beleza; e na frente, dois aplicadores de maquiagem para os olhos.

do cavalo e do camelo. O número de escravos trazidos de regiões conquistadas cresceu. Os impostos também aumentaram, para garantir desde os custos militares até a manutenção da burocracia religiosa e administrativa. Não havia moeda e as trocas eram feitas em espécie, num momento em que o comércio exterior era bastante ativo. Também seria nesse período que teria ocorrido o contato com os hebreus, os chamados "povos do mar", que chegaram a dominar Canaã e Israel.

No entanto, durante o Novo Império, problemas de fronteira começaram a se tornar cada vez mais graves: etíopes pressionando ao sul e líbios atacando o norte favoreciam novas divisões do Alto e do Baixo Egito. Em dinastias posteriores, as divisões se acentuaram e deram origem a estados rivais. Isso facilitou as invasões de vários povos da Ásia Menor que passavam por um processo de expansão. Depois que em 525 a.C. os persas ocuparam o Egito, o país praticamente não teve mais autonomia. Nos séculos seguintes, os gregos e finalmente os romanos deram fim ao que restava de uma civilização tão antiga quanto fascinante. O que restou do Egito, além de influências difundidas, foram as ruínas de um desejo: a imortalidade. O fato de esse povo ser ainda estudado pode ser a maior prova de que esse desejo, esse sonho, ainda se sustenta.

## A descoberta do Antigo Egito

Considerada uma das mais importantes civilizações do mundo antigo, a sociedade egípcia viu grande parte de sua história desaparecer a partir do século VI a.C., quando uma sucessão de povos – como persas, gregos, romanos e árabes – passou a invadir seu território e controlar sua riqueza e população. Com o tempo, a milenar cultura egípcia foi esquecida a ponto de ninguém mais saber ler sua escrita.

Por vários séculos, alguns viajantes europeus, tentaram em vão decifrar o significado dos hieróglifos. Em 1798, no entanto, teve início um trabalho sistemático de recuperação da escrita e da cultura do Egito antigo. Naquele ano, o imperador Napoleão Bonaparte invadiu e anexou o território egípcio ao da França e levou para lá, além de 40 mil soldados, um grupo de 175 artistas, sábios e cientistas e uma imensa biblioteca de egiptologia.

O mapeamento que a equipe francesa fez das riquezas da região aguçou o interesse dos europeus. Se por um lado essa propaganda resultou na pilhagem predatória de muitos templos, santuários e túmulos, por outro, incentivou novos egiptólogos a tentar decifrar a escrita hieroglífica para, assim, recuperar a história desse povo.

Dentre essas pessoas, merece destaque Jean-François Champollion, um francês que estudou uma proclamação real inscrita numa placa de granito de 762 quilos, encontrada pela equipe de Napoleão, na região da cidade de Roseta (atual Rashid) e datada de 196 a.C. Essa pedra possuía um mesmo texto escrito em três línguas diferentes: no hieroglífico, demótico (egípcio popular da época) e grego (idioma que Champollion conhecia e que usou como base de comparação).

Depois de duas décadas de estudos, Champollion conseguiu decifrar a escrita egípcia. Por isso, a partir da segunda metade do século XIX, houve grande avanço nos estudos sobre o Egito. Em 1870, por exemplo, descobriu-se o conjunto arquitetônico do Vale dos Reis, uma região situada próxima a antiga Tebas (atuais Luxor e Karnak) onde estão grande parte das tumbas de faraós e rainhas egípcios. Em 1922, nessa mesma área, foi encontrado o túmulo de Tutankamon, faraó que morreu em 1323 a.C.

Atualmente, missões de universidades do mundo inteiro têm feito parcerias com o governo do Egito e a Unesco para participar de escavações e pesquisas arqueológicas no país. Esse trabalho vem dando como resultado uma série de descobertas que, cada vez mais, ajudam a ampliar o conhecimento sobre o passado desse povo. Os avanços da ciência também vêm contribuindo bastante. Por meio da análise do DNA, geneticistas estão conseguindo afirmar com relativa precisão o parentesco de faraós, bem como encontrar a relação entre os egípcios e outros povos do passado. Exames de tomografia computadorizada realizados em múmias também já comprovaram que os antigos egípcios utilizavam no processo de mumificação substâncias encontradas apenas em regiões do Oriente, confirmando assim, que eles faziam um comércio marítimo com povos distantes.

Áreas como a odontologia revelaram que os egípcios praticamente não possuíam cáries por não fazerem uso do açúcar e a química mostrou que muitos de seus produtos de beleza tinham também funções medicinais. Esse é caso da maquiagem que utilizavam para acentuar os olhos. Ela era feita a partir de uma substância conhecida como malaquita que atuava como desinfetante de doenças transmitidas pelas inúmeras moscas da região.

*Nefertiti, representada numa peça de calcário e gesso. Provavelmente uma das mais conhecidas obras da arte egípcia da Antiguidade.*

# Cronologia

| | |
|---|---|
| **6000 a.C.-3200 a.C.** | Período neolítico. Estabelecimento de grupos humanos nas margens do rio Nilo. Início das atividades agrícolas e do uso de armas de cobre. Culto ao sol. Surgem as lendas de Ísis e Osíris. |
| **3200 a.C.** | Unificação do Alto e do Baixo Egito pelo faraó Menés. Início da primeira dinastia. Por essa época iniciam-se as construções das mastabas, primeiras tumbas reais feitas para durar eternamente, antecessoras das pirâmides. Os principais centros do poder são Ábido e Mênfis. |
| **2850 a.C.** | Expansão rumo ao sul, em direção à Núbia. Expedições contra a Líbia. |
| **2630 a.C.-2611 a.C.** | Reinado do faraó Djoser, responsável pela construção da pirâmide de degraus na região de Sacara, a primeira do Egito. |
| **2551 a.C.-2472 a.C.** | Período em que são construídas as maiores pirâmides do Egito. Elas ficam conhecidas pelo nome dos faraós nelas enterrados: Quéops, Quéfren e Miquerinos. |
| **2134 a.C.-2040 a.C.** | Período de transição do Antigo Império para o Médio Império. Divisão do país em dois reinos. |
| **2000 a.C.-1580 a.C.** | Médio Império. Primeiras incursões dos hicsos. Construção do templo de Karnak. Novo deus oficial: Amon. Fortalecimento do poder sacerdotal. Utilização de carros de guerra puxados por cavalos. |
| **1580 a.C.** | O Novo Império tem início com a expulsão dos hicsos. Tebas é a nova capital. Inicia-se um período de expansionismo. |
| **1479 a.C.-1425 a.C.** | Reinado de Tutmés III. Prossegue o expansionismo egípcio, com a conquista da Fenícia e da Palestina. Como Tutmés assume o trono ainda criança, parte de seu reinado fica sob a responsabilidade da faraona Hatshepsut, mulher de seu pai Tutmés II. |
| **1391 a.C.-1353 a.C.** | Reinado de Amenófis III. O comércio floresce e, com exceção de uma rebelião na Núbia, o Egito vive em paz. Período de muitas construções: estátuas colossais, templos pelo país. |
| **1353 a.C.-1335 a.C.** | Reina Amenófis IV, o faraó herético. Casado com Nefertiti, famosa por sua beleza, ele faz uma reforma religiosa que institui o monoteísmo, com o culto ao deus Sol (Aton), e adota o nome Akhenaton. |
| **1290 a.C.-1224 a.C.** | Governo de Ramsés II. Povos como hititas e líbios fazem incursões no Egito. Construção dos templos de Abu Simbel e Hator. Retorno dos cultos a divindades como Amon. Crescimento de Tebas. |
| **712 a.C.** | Acelera-se a decadência egípcia com o domínio de vários povos estrangeiros. Etíopes controlam o sul; assírios, o norte. |
| **525 a.C.** | Persas conquistam o Egito. |
| **332 a.C.** | Alexandre Magno, rei da Macedônia, domina o Egito e se declara faraó. Após sua morte, em 323 a.C., o império se fragmenta e o Egito passa a ser governado pela dinastia dos Ptolomeus (que se manteve no poder até a morte de Cleópatra, em 30 a.C.). |

Obs.: As informações referentes ao Antigo Egito baseiam-se principalmente em dados arqueológicos e na interpretação de mitos, por isso, as datas citadas são muitas vezes aproximadas.